Patrice Ras

W0274902

Das kleine Übungsheft

Wahrhaftig sein sich selbst und anderen gegenüber

Aus dem Französischen von
Claudia Seele-Nyima

Illustrationen von Jean Augagneur

TRINITY

Patrice Ras lebt in Paris und widmet sich als Coach, Therapeut und Dozent seit mehr als 20 Jahren den Themen Persönlichkeitsentwicklung und Karriereberatung. Er ist Autor zahlreicher Bücher und gibt sein Wissen an eine breite Leserschaft weiter. In der Reihe »Das kleine Übungsheft« ist außerdem von ihm der Band »Konflikte meistern und harmonischere Beziehungen führen« erschienen.

Die Originalausgabe ist erstmals 2011
bei Éditions Jouvence erschienen.
Titel der französischen Originalausgabe:
Petit cahier d'exercices des quatre accords toltèques

Chemin du Guillon 20, Case 184, CH-1233 Bernex.
www.editions-jouvence.com,
info@editions-jouvence.com

Umschlaggestaltung: Guter Punkt, München
Satz: Kerstin Duben, München
Druck und Bindung: Pustet, Regensburg
ISBN 978-3-95550-127-3

www.die-kleinen-uebungshefte.de

Einleitung

Wenn Sie dieses kleine Übungsheft in der Hand halten, haben Sie vielleicht das Buch über die vier Versprechen der Tolteken von Don Miguel Ruiz und seine weiteren Werke gelesen und schätzen gelernt. Möglicherweise sind Sie jedoch nach der ersten Begeisterung eher ernüchtert ... Denn ebenso wie viele andere Leser, haben auch Sie vielleicht herausgefunden, dass diese Versprechen zwar einfach, selbstverständlich, universell und wirkungsvoll sind, doch schwierig in die Tat umzusetzen.

Eines ist sicher: Ein Buch, und sei es noch so genial, ist kein Praktikum und kann es auch nicht ersetzen. Aber gibt es denn Lösungen, um die praktische Umsetzung zu erleichtern, und wenn ja, welche? Genau darin liegt das Ziel dieses kleinen Übungshefts: Es will Ihnen helfen, diese fabelhaften Versprechen im Alltag zu praktizieren – und zwar von heute an.

Und wie genau? Im Folgenden finden Sie die verschiedensten Hilfsmittel, die Sie dabei unterstützen sollen: Tests zur Selbsteinschätzung, Fragen, die Sie zum Nachdenken anregen, Fallstudien, anhand derer Sie die vier Versprechen anwenden lernen, sowie Übungen aller Art: Sie erstellen Listen, fertigen Zeichnungen an, füllen Tabellen aus, lösen Rätsel, nehmen sich bestimmte Dinge vor etc.

Aber auch die spielerische Seite soll in diesem Übungsheft nicht zu kurz kommen. Sie finden daher auch Texte aller Art: Geschichten, die Ihre Fantasie anregen, Zitate, über die Sie meditieren können, und ein Quäntchen Theorie, um das Ganze besser aufnehmen und verarbeiten zu können. Viel Vergnügen!

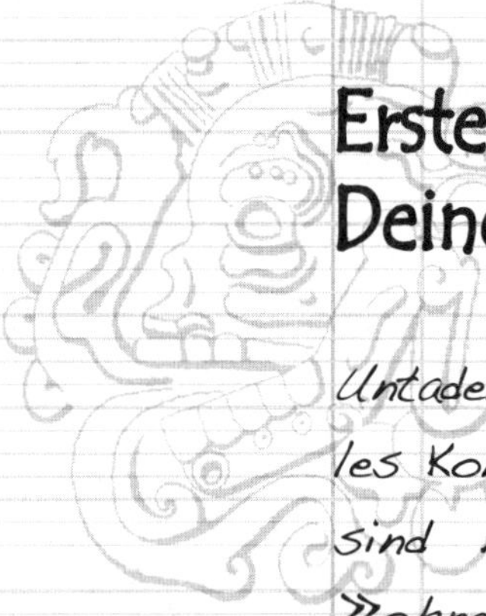

Erstes Versprechen
Deine Worte sollen untadelig sein

Untadeligkeit ist in der Weisheit der Tolteken ein zentrales Konzept. Doch was genau ist damit gemeint? Was sind »untadelige Worte«? »Untadelig« bedeutet »ohne Sünde«, »ohne Fehler«, »makellos«. Der Begriff könnte an die wichtige christliche Vorstellung von »Schuld« und »Erbsünde« erinnern, doch diese Interpretation würde die Bedeutung des Begriffs im Toltekischen verfälschen. Selbst wenn Lateinamerika 500 Jahre lang von Christen kolonisiert war, hat Untadeligkeit im Sprachgebrauch der Tolteken nichts mit Sünde zu tun. Für sie bedeutet »untadelig« sein vielmehr »integer« bzw. »wahrhaftig« sein.
Ihre Worte sind dann integer, wenn Sie (ehrlich) sagen, was Sie denken, ohne jemanden anzugreifen. Sie sind es nicht – oder nicht mehr –, wenn Sie jemanden belügen, betrügen oder

manipulieren. Ebenso wenig sind Ihre Worte integer, wenn Sie jemanden – sich selbst eingeschlossen – angreifen, kritisieren oder in den Schmutz ziehen.

Aus dieser Sicht ähnelt die Untadeligkeit der Worte sehr der **Selbstbehauptung** nach dem französischen Psychologen und Soziologen Dominique Chalvin: sich behaupten, ohne anzugreifen. Doch Untadeligkeit ist ein sehr viel umfassenderes Konzept, denn es schließt sowohl die Art und Weise, wie man mit sich selbst spricht, als auch das gesamte Verhalten sich und anderen gegenüber mit ein. Man kann auch eine Parallele zur ICH-Kommunikation von Jacques Salomé (mit dem anderen sprechen statt über ihn) und zu Thomas Gordons Kommunikationsmodell zur Lösung von Konflikten ziehen.

Beispiele für …

• »tadelnswerte« Äußerungen	• untadelige Äußerungen
– Du gehst mir auf den Keks!	– Ich mag es nicht, wenn du …
– Das ist Murks!	– Ich kann dem nichts abgewinnen …
– Das schaffe ich nie!	– Ich habe Angst zu versagen.
– Du lügst!	– Ich glaube dir nicht.
– Wenn du mich wirklich liebst …	– Kannst du mir … geben?
– Wir werden (alle) ausgebeutet!	– Ich fühle mich nicht anerkannt.

»Du bist nicht perfekt, ich bin nicht perfekt, und das ist perfekt so.«

Virginia Satir, Begründerin von systemischen und Familientherapien

Ihr Zitat

Fassen Sie dieses erste Versprechen in Ihren Worten zusammen, so wie Sie es ausdrücken würden:

....

....

Ihre Verankerung

(Die Verankerung ist ein natürlicher Mechanismus: Ein innerer Zustand – Freude, Traurigkeit, Angst, Selbstsicherheit etc. – wird mit einem äußeren Reiz – Bild, Musik, Geruch, Geschmack, Äußerung etc. – verknüpft, der automatisch den inneren Zustand hervorruft. NLP [Neurolinguistisches Programmieren] hat diesen neutralen Mechanismus ans Licht gebracht – neutral deswegen, weil die Verankerung positiv oder negativ, angenehm oder unangenehm sein kann – und gezeigt, wie er bewusst für die positive Selbstentfaltung genutzt werden kann.)

Suchen Sie einen Gegenstand, ein Symbol, einen Ort, einen Musiktitel …, etwas, das Sie an dieses erste Versprechen erinnert. Zeichnen Sie Ihre »Gedächtnisstütze« oder schneiden Sie ein Bild aus einer Zeitschrift aus und kleben Sie es hier ein.

Variante: Ersetzen Sie den Gegenstand durch eine Person, die das Versprechen offenbar im Alltag anwendet.

Testen Sie, wie untadelig Ihre Äußerungen sind:

Beantworten Sie ehrlich und spontan die folgenden Fragen. Kreisen Sie jeweils den Buchstaben (a, b, c) der Antwort ein, die am ehesten auf Sie zutrifft. Falls keine Antwort passt, suchen Sie eine eigene entsprechende Antwort in Ihrem Leben oder bitten Sie jemanden, der Ihnen nahesteht (Familie, Freunde, Kollegen etc.), darum. Mehrere Antworten sind möglich.

1) Bei einem Fehler oder Misserfolg sagen oder denken Sie:

a) Dieser Idiot/Diese Idiotin! (Und denken an die andere Person)

b) Wie kann ich es anders (oder doch noch) schaffen?

c) Idiot/Idiotin! (Und denken an sich selbst)

2) Jemand bekleckert Sie mit Tomatensoße …

a) Er/Sie ist wirklich ungeschickt!

b) Schnell, einen Lappen!

c) So ein Pech, ich hätte besser aufpassen sollen!

3) Entgegen allen Erwartungen hat Ihr Kind seine Prüfung bestanden …

a) Er/Sie hat wirklich Schwein gehabt!

b) Was für eine schöne Nachricht!

c) Mir passiert so was nie!

4) Ihr Kandidat/Ihre Kanditatin/Partei/Mannschaft ist ausgeschieden …

a) Was für eine unfähige Bande!

b) Nächstes Mal klappt es bestimmt wieder!

c) Wieso bin ich nur so blöd und unterstütze die!

5) Abends machen junge (betrunkene?) Leute Lärm auf der Straße …

a) Denen muss wohl einer mal Bescheid sagen!

b) Jugendliche müssen sich nun mal austoben!

c) Eigene Dummheit, dass ich auf andere Rücksicht nehme!

6) Ihrem Chef ist ein gravierender Fehler unterlaufen …

a) Sie erzählen es brühwarm Ihrer besten Freundin/Ihrem besten Freund weiter.

b) Sie vergessen es und wenden sich etwas anderem zu.

c) Sie ärgern sich über sich selbst, weil Sie neugierig sind und gelauscht haben.

7) Ihr bester Freund/Ihre beste Freundin hat in einer Kurzschlussreaktion gekündigt.
a) Er/sie ist einfach zu impulsiv!
b) Das überrascht mich nicht besonders.
c) Dazu hätte ich nie den Mumm.

8) Ihnen wird eine tolle Stelle in einem Land angeboten, dessen Sprache Sie überhaupt nicht beherrschen.
a) Warum schlagen Sie mir dieses Land vor?
b) Tut mir leid, ich spreche kein einziges Wort der dortigen Landessprache.
c) In Sprachen bin ich einfach eine Niete.

9) Nuklearkatastrophe in Japan …
a) Man hat uns wieder einmal angelogen!
b) Ein Nullrisiko gibt es nicht.
c) Mit Atomkraft kenne ich mich nicht aus.

10) Sie haben ein Bewerbungsgespräch und werden gefragt: Was können Sie zu unserem Unternehmen beitragen?
a) Alles! Veränderung! Neues!
b) Meine Kompetenzen und meine Erfahrung.
c) Ich weiß nicht. Nichts Besonderes.

Zählen Sie die eingekreisten Buchstaben zusammen:
- Anzahl a:
- Anzahl b:
- Anzahl c:

Ergebnis und Interpretation Ihres Untadeligkeitsprofils
- **a** entspricht der Tendenz, andere zu kritisieren. Sie beruht auf einer Anspruchshaltung, Frustration, Aggressivität, bis hin zu Hass.
- **b** entspricht der Tendenz, niemanden zu kritisieren. Es ist die ideale Einstellung.
- **c** entspricht der Tendenz, sich selbst zu kritisieren. Ihr liegen Perfektionismus und mangelndes Selbstvertrauen zugrunde.

Das ideale Profil wäre also: a = niedriger Wert, **b** = hoher Wert, **c** = niedriger Wert

Vergleichen Sie es mit Ihrem Profil.
Was folgern Sie daraus? Was beschließen Sie?

Wen und warum kritisieren Sie?

Listen Sie hier alle Personen auf, die Sie tendenziell kritisieren, und präzisieren Sie Ihre häufigsten Kritikpunkte (zu naiv, nicht konsequent genug …). Wenn Sie nicht genug Platz haben, machen Sie auf einem Blatt Papier weiter.

	Personen	Kritik
1	Partner/Partnerin	
2	Ex 1	
3		
4	Freund/Freundin 1	
5		
6	Mutter	
7	Vater	
8	Kind 1	
9		
10	Chef 1	
11		
12	Kollege/Kollegin 1	
13		
14	Sonstige	
15		

Gründe für Ihre Kritik

- Warum tun Sie das? Warum kritisieren Sie so viele Menschen? Warum so oft?
- Haben Sie bemerkt, dass Sie andere umso mehr kritisieren, je näher sie Ihnen stehen? Seltsam, nicht?
- Ist Ihnen aufgefallen, dass Sie andere umso mehr kritisieren, je mehr Sie sie lieben? Paradox, oder?

- Wenn Ihre Antwort darauf lautet »Ich tue es, weil die Betreffenden die Kritik wirklich verdienen!«, dann sind Sie einer Illusion aufgesessen, nämlich der Illusion der Objektivität: »Wir sehen die Dinge nicht, wie sie sind, sondern wir sehen sie, wie wir sind.« (Talmud)

Die wahren Ursachen sind anderswo zu suchen, hier einige Beispiele. Kreuzen Sie diejenigen an, die Sie betreffen:

- ❑ Ich bin von diesen Menschen enttäuscht.
- ❑ Ich erwarte von ihnen Dinge, die sie mir nicht geben.
- ❑ Ich äußere meine Erwartungen und Forderungen nicht.
- ❑ Ich fühle mich momentan nicht wohl in meiner Haut.
- ❑ Ich sehe im Moment alles schwarz.
- ❑ Ich bin mitunter neidisch auf diese Leute.
- ❑ Ich setze die anderen herab (um mich selbst aufzuwerten).
- ❑ Ich habe ein (starkes) Bedürfnis, mich aufzuwerten.
- ❑ Im Grunde habe ich ein schlechtes Bild von mir selbst.
- ❑ Sonstiges: ....

Schlussfolgerung: Ein kritischer Geist ist sehr nützlich, denn er macht es möglich, Dinge zu verbessern – selten aber Menschen! Kritik muss daher vorsichtig und liebevoll eingesetzt werden ...

Was werfen Sie sich vor?
Listen Sie alles auf, was Sie an sich selbst kritisieren.

	Bereich	Kritik
1	Körper	
2	Gesundheit	
3	Persönlichkeit	
4	Verhalten	
5	Beziehung	
6	Liebe	
7	Spiritualität	
8	Geld	
9	Arbeit	
10	Haushalt	
11	Hobbys	
12		
13		
14		
15		

Gründe für Ihre Selbstkritik

- Warum tun Sie das? Warum kritisieren Sie sich so oft? In so vielen Bereichen?
- Lautet Ihre Antwort darauf »Weil ich wirklich viele Fehler habe!«, dann sind Sie (immer noch) Opfer der Illusion der Objektivität und/oder des Glaubens, man müsse perfekt sein, um geliebt zu werden … Doch nichts könnte falscher sein!

Die wahren Ursachen liegen woanders, hier einige Beispiele. Kreuzen Sie diejenigen an, die auf Sie zutreffen:

- ❑ Ich wurde so erzogen (mehr kritisiert als anerkannt).
- ❑ Ich bin (oft) von mir selbst enttäuscht.
- ❑ Ich erwarte oder fordere von mir Unmögliches.
- ❑ Es fällt mir schwer, mich so zu akzeptieren, wie ich bin.
- ❑ Ich fühle mich momentan nicht wohl in meiner Haut.
- ❑ Ich gestehe mir nicht das Recht zu, Fehler zu machen.
- ❑ Ich glaube, ich sollte nicht so sein, wie ich bin.
- ❑ Ich wäre gerne so wie jemand anders.
- ❑ Ich ertrage Kritik (anderer) nicht, daher nehme ich sie vorweg und kritisiere mich selbst.
- ❑ Ich habe das Bedürfnis, mich (wieder) aufzuwerten.
- ❑ Im Grunde habe ich ein schlechtes Bild von mir.
- ❑ Sonstiges: ....

Schlussfolgerung: Wenn Sie als Kind häufig verurteilt oder kritisiert wurden oder Ihre Eltern sich regelmäßig gegenseitig kritisierten, haben Sie vermutlich kein positives Selbstbild entwickelt. Doch es ist nie zu spät, etwas gutzumachen: Suchen Sie sich gezielt Menschen, die Sie wirklich wertschätzen (und lesen Sie Das kleine Übungsheft »Selbstliebe« von Anne van Stappen).

Geschichte: Die drei Siebe

Eines Tages suchte ein Schüler sehr aufgeregt den Meister auf und sagte zu ihm:

Oh nein, es ist keine gute Nachricht, im Gegenteil!
Dann hoffe ich zumindest, dass du sie mit dem dritten Sieb geprüft hast, dem des **Nutzens**: Ist es wirklich nützlich, mir diese Geschichte zu erzählen?
Nützlich, nein, eigentlich nicht ...
Na, wenn diese Geschichte weder wahr noch angenehm, noch nützlich ist, wozu willst du sie mir dann erzählen? Ich möchte sie lieber nicht erfahren und rate dir, sie zu vergessen und sie vor allem nicht zu verbreiten. Denn es handelt sich wahrscheinlich um **Klatsch**, dazu bestimmt, jemandem zu schaden. Und wenn du bei diesem Gerede mitmachst, wirst du zum Mittäter ...

Verpflichtung

Bei einem Abend mit Freunden treffen Sie einen alten Bekannten wieder. Nachdem Sie beide eine Weile über die gute alte Zeit geplaudert haben, beschließen Sie, nach Hause zu gehen, nicht ohne dem wiedergefundenen Freund die Bemerkung hinzuwerfen: »Dann telefonieren wir mal und versuchen einen Termin für ein gemeinsames Essen auszumachen!« Ist Ihnen schon einmal aufgefallen, dass nach solchen Bemerkungen anschließend meistens nichts geschieht? Niemand ruft an. Warum? Zunächst, weil das »wir« niemanden von Ihnen beiden im Besonderen bezeichnet. Jeder hat also das Recht, darauf zu warten, dass der andere den ersten Schritt macht. Dann ist der Gebrauch des Verbs »versuchen« ein Eingeständnis vorweggenommenen Scheiterns. Es bedeutet eigentlich: Ich verpflichte mich nicht, weder in Bezug auf das Endergebnis noch dazu, überhaupt etwas zu unternehmen (den anderen zu kontaktieren).

Wenn Sie wollen, dass Ihr Leben erfolgreich ist (was nichts mit »Erfolg im Leben haben« zu tun hat), dann verpflichten Sie sich wirklich, statt nur zu versuchen: »Tu es oder tu es nicht! Es gibt kein Versuchen.« (Meister Yoda im Film Star Wars).

Sagen Sie zum Beispiel: »Ich rufe dich diese Woche an, damit wir noch diesen Monat zusammen essen gehen.«

Beispiel für eine Verpflichtung:
»Ich verpflichte mich, das erste toltekische Versprechen zu achten, anders gesagt, dafür zu sorgen, dass meine Worte untadelig sind, und zwar von heute an. Falls ich dies vergessen oder einen Ausrutscher haben sollte, verpflichte ich mich, es anzuerkennen und umgehend richtigzustellen.«

Ihre Verpflichtung (in Ihren eigenen Worten und mit Ihrer Unterschrift)

OFFIZIELLE ERKLÄRUNG

Zweites Versprechen Nimm nichts persönlich

Ist Ihnen klar geworden, wie wichtig untadelige Worte sind? Diese Art und Weise, gegenüber anderen (oder sich selbst) integer in seinen Worten zu sein, hat eine »innere« Konsequenz, die uns zum zweiten toltekischen Versprechen führt: Lassen Sie sich durch Ereignisse oder Äußerungen anderer nicht aus dem Gleichgewicht bringen. Denn wenn Sie Dinge persönlich nehmen und entsprechend reagieren, wird Ihre Integrität angetastet, Sie sind nicht mehr Sie selbst und auch nicht mehr IN sich selbst; Sie sind im Ego …

Was bedeutet persönlich nehmen? Es heißt, die Ereignisse so zu interpretieren, als seien Sie deren Zentrum, Empfänger, Zielscheibe. Es heißt, eine gegen Sie gerichtete Absicht zu unterstellen.
Beispiel: Jemand übt Kritik, nimmt Sie nicht wahr oder rempelt Sie an. Wenn Sie sich fragen, warum er (ausgerechnet) **Ihnen** das antut, nehmen Sie die Sache persönlich; dasselbe gilt, wenn Sie sich fragen, was **Sie** demjenigen getan haben.
Dass Sie nicht auf einer persönlichen Ebene reagieren, kann sich auf zwei verschiedene Arten zeigen: Entweder Sie beziehen die Sache nicht auf Ihre Person (Anfängerniveau) oder Sie reagieren überhaupt nicht (Fortgeschrittenenniveau). Im ersten Fall fragen Sie sich, was mit dem **anderen** (dem Angreifer) nicht stimmt, was Sie für **ihn** bedeuten oder was seine Entscheidung rechtfertigen könnte (was sind seine Bedürfnisse oder Wünsche?).
Wie kann man etwas nicht mehr persönlich nehmen? Zuallererst, indem Sie Ihre Reaktion anerkennen. Dann, indem Sie die Aufmerksamkeit von sich selbst abwenden und sich die(selben) Fragen in Bezug auf den anderen stellen. Schließlich sollten Sie daran denken und sich immer wieder klarmachen, dass jeder die eigenen Interessen, Probleme und Sichtweisen für die wichtigsten hält, also gewissermaßen sich und »sein Haus« als das Zentrum

des Universums betrachtet und in seiner Welt, seinem Traum (oder Albtraum) lebt …

»Die Ereignisse selbst sind neutral, nicht aber unsere Reaktionen auf sie.«

Anonym

»Die persönliche Wichtigkeit oder Dinge persönlich zu nehmen, ist der höchste Ausdruck von Egozentrik, da wir von der Annahme ausgehen, alles sei auf ›mich‹ ausgerichtet.«

Don Miguel Ruiz, Die vier Versprechen

Ihr Zitat

Fassen Sie dieses Versprechen in Ihren Worten zusammen, so wie Sie es ausdrücken würden:

....

....

....

Ihre Verankerung

Suchen Sie einen Gegenstand, ein Symbol, einen Ort, einen Musiktitel …, etwas, das Sie an dieses Versprechen erinnert. Zeichnen Sie Ihre »Gedächtnisstütze« oder schneiden Sie ein Bild aus einer Zeitschrift aus und kleben Sie es hier ein.

Variante: Ersetzen Sie den Gegenstand durch eine Person, die das Versprechen offenbar im Alltag anwendet.

Geschichte: Wer weiß?

Es war einmal ein Bauer, der mühsam sein Leben fristete. Glücklicherweise hatte er eine kleine Familie: seine Frau, seinen Sohn und seine Mutter. Eines Tages lief das einzige Pferd des Hofes davon und blieb unauffindbar, zum grossen Leidwesen des Bauern. Er überbrachte diese schlechte Neuigkeit seiner Mutter, die erwiderte: »Ist's eine gute oder eine schlechte Nachricht – wer weiß?!« Am nächsten Tag kamen Soldaten und forderten alle verfügbaren Pferde von dem Bauern, um in den Krieg zu ziehen – doch es war keines mehr da.

Noch am selben Abend tauchte das Pferd wieder auf. Der Bauer lief zu seiner Mutter und teilte ihr die gute Neuigkeit mit. »Ist's eine gute oder eine schlechte Nachricht – wer weiß?!«, erwiderte diese. Am nächsten Tag konnte der Sohn des Bauern nicht widerstehen und galoppierte los, doch er fiel vom Pferd und brach sich ein Bein. Der Bauer überbrachte die schlechte Nachricht seiner Mutter. Sie antwortete: »Ist's eine gute oder eine schlechte Nachricht – wer weiß?!« Ein paar Tage darauf kehrten die Soldaten zurück. Dieses Mal wollten sie alle jungen, gesunden Männer zum Kriegsdienst einziehen. Doch der Bauer selbst war zu alt und sein Sohn ausserstande zu laufen. So zogen die Soldaten unverrichteter Dinge wieder ab. Der Bauer überbrachte seiner Mutter die Nachricht … »Ist's eine gute oder eine schlechte Nachricht – wer weiß?!«

Diese Geschichte hat zwar kein Ende, aber eine Moral: »Jedes Unglück hat auch sein Gutes!« Sie können sie spaßeshalber weiterspinnen, um zu üben, die Dinge zu relativieren, Ihren spontanen Reaktionen nicht unbedacht nachzugeben und (vielleicht) Ihr Schwarz-Weiß-Denken (»Das ist gut! Das ist schlecht!«) zu überwinden.

Testen Sie, wie weit Ihr »Nicht-persönlich-Nehmen« (das Gegenteil von Empfindlichsein) geht:

Um es herauszufinden, beantworten Sie ehrlich und spontan die folgenden Fragen. Kreisen Sie jeweils den Buchstaben (a, b, c) der Antwort ein, die auf Sie zutrifft. Falls keine Antwort passt, suchen Sie eine entsprechende Alternative, die auf Sie zutrifft, oder bitten Sie jemanden, der Ihnen nahesteht (Familie, Freunde, Kollegen etc.), darum.

1) Sie haben sich um 18 Uhr mit Ihrer neuen Liebe verabredet, die nicht kommt. Sie denken:

a) Er/sie liebt mich nicht mehr!
b) Warum tut er/sie mir das an?
c) Zu spät kommen kann jedem mal passieren.

2) In nur wenigen Tagen oder Wochen sind Ihnen mehrere wichtige Papiere abhandengekommen …

a) Das Schicksal hat sich definitiv gegen mich verschworen.
b) Was mag das wohl bedeuten?
c) Es ist eine unglückliche Verquickung von Umständen.

3) Ihr Chef hat Sie heute Morgen nicht gegrüßt …

a) Wie respektlos!
b) Dieser Flegel!
c) Er/Sie hat es vergessen.

4) Ihr Partner/Ihre Partnerin blickt auf der Straße einer Person anderen Geschlechts hinterher …

a) Was hat er/sie, was ich nicht habe?
b) Er/sie findet mich offenbar nicht mehr attraktiv.
c) Stimmt, er/sie sieht gut aus.

5) Sie fahren in den Sommerurlaub und es regnet …

a) Ich habe wirklich kein Glück!
b) Wie soll ich jetzt damit umgehen?
c) Nächstes Mal informiere ich mich vorab über die Wetterlage.

6) Ihr Kollege hat eine Gehaltserhöhung erhalten …

a) Das ist so ungerecht!
b) Es ist ein deutliches Zeichen!
c) Ich versuche herauszufinden, warum.

7) Ein Kollege bekleckert unabsichtlich Ihre Hose …

a) Von wegen, ein Versehen! Wer's glaubt, wird selig!
b) Eine klassische Freud'sche Fehlleistung!
c) Das war jetzt einfach Pech!

8) Sie steigen in die U-Bahn oder Straßenbahn und werden angerempelt, Leute treten Ihnen auf die Füße …

a) Haben die sich abgesprochen, oder was?
b) Das passiert nur, weil ich zu gutmütig bin.
c) So ist das nun mal in der U-Bahn.

9) Sie haben eine Steuerprüfung …

a) Eines ist klar: Irgendjemand hat mich angezeigt!
b) Warum interessieren die sich bloß für mich?
c) Eine unangenehme Sache, die vorübergeht.

10) Wenn Ihre letzte Liebe Sie verlassen hat …

a) Er/sie ist böse auf mich, und das ist seine Rache.
b) Wie kann er/sie mir das nur antun?
c) So ist das Leben, es hat eben nicht funktioniert, das ist alles.

11) In der Kinoschlange drängeln sich alle anderen vor …

a) Die nutzen alle meine Schwäche/Freundlichkeit aus.
b) Passt denen etwa meine Nase nicht?
c) Selbst hier muss man also kämpfen!

12) Ihr Chef bedankt sich für das Projekt, das Sie erfolgreich durchgeführt haben, bei Ihrem Kollegen …

a) In dieser Klitsche bringt mir aber auch keiner Wertschätzung entgegen.
b) Alles dreht sich nur um ihn/sie!
c) Vielleicht sollte ich mich besser durchsetzen?

Ergebnis: Ihr Profil des »Nicht-persönlich-Nehmens«:

- Anzahl a: ... x 0 = 0
- Anzahl b: ... x 1 =
- Anzahl c: ... x 2 =
- **Gesamt:**

Interpretation

- **Bis 8 Punkte:**

Sie nehmen die Dinge offenbar viel zu persönlich. Sind Sie empfindlich? Das sind wir alle mehr oder weniger. Doch es liegt in Ihrem Interesse (Wohlbefinden), möglichst wenig empfindlich, also so neutral und losgelöst wie möglich zu bleiben. Vielleicht neigen Sie dazu, sich selbst für das Zentrum der Welt zu halten: Denken Sie daran, dass es den anderen ebenso geht, jeder ist auf sich selbst zentriert! Aber solange Ihnen das bewusst ist, ist noch nichts verloren!

- **9 bis 17 Punkte:**

Anscheinend nehmen Sie die Dinge noch etwas zu persönlich. Befreien Sie sich von Ihrer Empfindlichkeit, die Sie daran hindert, das Leben voll auszukosten. Doch Ihr Wert im mittleren Bereich zeigt an, dass Sie auf dem Weg sind und Fortschritte machen – in bestimmten Bereichen. Nur Mut! Seien Sie beharrlich! Und gehen Sie mit Humor an die Sache heran: »Ich bin nicht empfindlich! Den Ersten, der das Gegenteil behauptet, schlage ich auf der Stelle zusammen!«

- **18 und mehr Punkte:**

Sie sind wenig – sogar sehr wenig – empfindlich (oder Sie verbergen es gut). Wahrscheinlich haben Sie bereits viel an sich gearbeitet. Oder Sie lernen schnell!

Ein bisschen Theorie: Egozentrik

Wie kommt es, dass wir alle uns die Dinge so zu Herzen, sie so persönlich nehmen? Die Ursache ist unser Ego bzw. unsere Egozentrik. Aber was verstehen wir darunter? Es ist die unbewusste Neigung, sich selbst für das Zentrum des Universums zu halten, zu glauben, dass andere in Bezug auf uns handeln. Dabei wissen wir (verstandesmäßig), dass jeder Mensch in erster Linie in Bezug auf sich selbst handelt, um seine Bedürfnisse und Wünsche zu befriedigen: Der Dieb hat nichts gegen sein Opfer (das er nicht kennt), sondern er will sein Gefühl des Mangels und der Armut ausgleichen.

Doch es genügt nicht zu verstehen, worin Egozentrik besteht, um sich von ihr zu befreien. Warum? Weil sie gleichzeitig ein Mittel ist, um ein Bedürfnis zu erfüllen: das Bedürfnis, wichtig zu sein – wahrscheinlich eines der Bedürfnisse, das bei den meisten von uns am wenigsten befriedigt wird und daher am ausgeprägtesten ist.

Doch damit noch nicht genug: Egozentrik beruht auf Gewohnheiten und Überzeugungen, die sich schon in der frühen Kindheit herausgebildet haben, denn das Baby und dann (in geringerem Maße) das Kind ist das Zentrum der Welt (der Familie). Doch diese Situation hält nicht an, im Gegenteil: Mit der Zeit (und zunehmender Autonomie) verliert das Kind (der Prinz/die Prinzessin) nach und nach seine Privilegien – und das ist unerträglich. Von diesem Schlag erholt es sich nie ganz und versucht sein Leben lang, sie wiederzuerlangen.

Freud bezeichnete diese Geisteshaltung als »kindliche Allmacht«. Sie liegt dem Ego (»dem Parasiten«), der Empfindlichkeit, Schuldgefühlen, Paranoia (Verfolgungswahn) etc. zugrunde. Die Lösung besteht darin, dass Sie Ihre Bedürfnisse im Allgemeinen und speziell Ihr Bedürfnis, wichtig zu sein, zur Kenntnis nehmen und sie dann auf eine Weise befriedigen, die anderen nicht schadet.

Ihre Verletzungen

Listen Sie all Ihre wesentlichen Verletzungen auf, seien sie älteren oder neueren Datums. Geben Sie dabei an, wer Sie verletzt hat, auf welcher Ebene und aus welchen Gründen Sie sich verletzt fühlen.

Wer?	Was?	Warum?

Analyse Ihrer Antworten

Das Interessante an einer Liste oder Tabelle sind die Gemeinsamkeiten und Wiederholungen. Lesen Sie Ihre Tabelle noch einmal mit unvoreingenommenem Blick durch (falls nötig, lassen Sie nach dem Ausfüllen der Tabelle etwas Zeit verstreichen) und suchen Sie nach aufschlussreichen Wiederholungen. Wo sind sie? Beziehen sie sich auf Personen? Auf Themen? Oder auch auf das Warum?

- Beziehen sich die Wiederholungen vor allem auf Personen, dann erwarten Sie eine Menge, alles oder zu viel von ihnen. Listen Sie auf, was Sie von ihnen erwarten, und bitten Sie die Betreffenden anschließend darum. Verhandeln Sie gegebenenfalls oder lassen Sie los (trennen Sie sich von Ihren Erwartungen oder der Beziehung).
- Falls sich die Wiederholungen vor allem auf bestimmte Themen beziehen, haben Sie Schwachstellen (wer hat die nicht?), nicht verheilte Wunden. Kümmern Sie sich ab jetzt darum: Lesen Sie »Heile die Wunden deiner Seele« von Lise Bourbeau oder das kleine Übungsheft »Seelische Wunden heilen« von Colette Portelance, machen Sie eine Therapie oder besuchen Sie ein entsprechendes Seminar.
- Beziehen sich die Wiederholungen insbesondere auf das Warum, dann interpretiert Ihr Verstand (das Ego) die Fakten systematisch auf diese Weise. Fragen Sie sich, welcher verborgene Nutzen dem zugrunde liegt (es gibt immer mindestens einen). Dieser Nutzen hält Sie im Griff und hindert Sie daran, loszulassen, solange Sie ihn nicht aufdecken.

Schlussfolgerung

- Was sind Ihre Wiederholungen?

- Was zeigen sie Ihnen?

Verpflichtung

»Wer etwas will, findet Wege, wer etwas nicht will, findet Gründe.«

Sprichwort

Beispiel für eine Verpflichtung:
»Ich verpflichte mich, das zweite toltekische Versprechen zu achten, anders gesagt, alles zu tun, damit ich die Dinge nicht persönlich nehme, und zwar von heute an. Sollte ich dies vergessen oder einen Ausrutscher haben, verpflichte ich mich, es anzuerkennen und umgehend richtigzustellen.«

Ihre Verpflichtung (in Ihren eigenen Worten und mit Ihrer Unterschrift)

OFFIZIELLE ERKLÄRUNG

Drittes Versprechen
Ziehe keine voreiligen Schlüsse

Sie haben die Bedeutung der Integrität und des Nicht-persönlich-Nehmens verstanden und erkannt, warum es sinnvoll ist, Ihre Worte sorgfältig zu wählen und Ihre (emotionalen) Reaktionen zu hinterfragen. Jetzt ist es an der Zeit, sich mit Ihren Gedanken und anderen Überzeugungen zu befassen …

Nehmen wir an, Sie haben um 18 Uhr eine Verabredung mit jemandem, in den Sie verliebt sind. Sie kommen pünktlich am vereinbarten Ort an – und: Niemand ist da! Können Sie neutral bleiben und nur feststellen, dass die betreffende Person zum verabredeten Zeitpunkt nicht am vereinbarten Ort ist? Nein! Ihr Wunsch, sie zu sehen, verwandelt sich in die Angst, dass sie nicht kommen könnte (häufigster Fall), oder in Begründungen dafür, warum sie nicht da ist (»Ihr ist bestimmt etwas dazwischengekommen«).
18.15 Uhr: Keiner da! Sie stehen unter Stress, und Ihr Verstand sucht automatisch eine »rationale« Erklärung für dieses Nichterscheinen: »Sie hat mich versetzt«, »Er liebt eine andere«. Es fällt Ihnen sehr schwer, neutral zu bleiben und zu akzeptieren, dass Sie den Grund nicht kennen. Lieber vermuten Sie alles nur Erdenkliche, als in Ungewissheit zu verharren.
18.30 Uhr: Immer noch niemand da! Ihr Denken läuft inzwischen auf Hochtouren, und vor Ihrem inneren Auge spielt sich ein äußerst real erscheinender Film ab, der von Ihren Gefühlen gefärbt ist: Wenn es Ihnen an Selbstvertrauen mangelt, wird er zum Katastrophenfilm ...
Dasselbe spielt sich bei jedem Ereignis ab: Ihr Partner/ Ihre Partnerin hat Sie verlassen, weil ... Sie haben die Stelle nicht erhalten, weil ... Dabei hat schon Sokrates vor 2500 Jahren festgestellt: »Ich weiß, dass ich nichts weiß!« Lernen Sie, Ihre

Annahmen ausfindig zu machen, sie zu relativieren, um sich anschließend von ihnen zu verabschieden und Ihre Unwissenheit zu akzeptieren: Im Grunde werden Sie nie erfahren, warum die Leute tun, was sie tun … Davon abgesehen: Wissen sie es überhaupt selbst?

»Es ist immer besser, Fragen zu stellen, als einen voreiligen Schluss zu ziehen.«

Don Miguel Ruiz, Die vier Versprechen

»Halte absolut nichts für selbstverständlich.«

Carlos Castaneda

»Da wir Angst haben, um Klärung zu bitten, stellen wir Annahmen auf und glauben, dass wir mit diesen Annahmen recht haben. Dann verteidigen wir unsere Annahmen und versuchen, jemand anderen in ein schlechtes Licht zu setzen.«

Don Miguel Ruiz

Ihr Zitat

Fassen Sie das Zitat in Ihren Worten zusammen, so wie Sie es ausdrücken würden:

....

....

Ihre Verankerung
Suchen Sie einen Gegenstand, ein Symbol, einen Ort, einen Musiktitel …, etwas, das Sie an dieses Versprechen erinnert. Zeichnen Sie Ihre »Gedächtnisstütze« oder schneiden Sie ein Bild aus einer Zeitschrift aus und kleben Sie es hier ein.
Variante: Ersetzen Sie den Gegenstand durch eine Person, die das Versprechen im Alltag offenbar anwendet.

Testen Sie Ihre innere Distanz

Das dritte Versprechen ist negativ formuliert (»nicht«). Doch was ist die positive Formulierung? Was ist das Gegenteil einer Annahme? Und wie soll man aufhören, bestimmte Dinge zu vermuten? Die Dinge einfach nehmen, wie sie sind? Abstand gewinnen? Innere Distanz ist tatsächlich das erforderliche Mittel gegen das voreilige Ziehen von Schlüssen (übermäßiges Interpretieren).

Lesen Sie sich den Text auf der nächsten Seite **einmal** aufmerksam durch. Ordnen Sie die Aussagen dann jeweils einer Kategorie zu: Beschreibung (B), Schlussfolgerung (S) oder weder das eine noch das andere (?).

Herr K. Müller, für den Vertrieb der Firma Unifood tätig, hatte an jenem Tag um zehn Uhr einen Termin im Büro von Herrn Neumann in Köln, um die Klauseln eines wichtigen Vertrages zu besprechen. Auf dem Weg dorthin rutschte er auf dem Parkettboden aus und verletzte sich das Bein. Als J. Neumann über den Unfall informiert wurde, war Herr Müller bereits auf dem Weg in die Klinik, um sich dort untersuchen zu lassen. Herr Neumann rief im Krankenhaus an, um Näheres zu erfahren, doch die Person am Telefon schien weder etwas von dem Unfall noch darüber zu wissen, wo sich das Unfallopfer befand. Möglicherweise hatte Herr Neumann nicht im richtigen Krankenhaus angerufen. Das Krankenhaus rief zudem Herrn Neumann nicht zurück.

Äußerungen aus dem Text	**B/S/?**
1) Herr Müller ist selbstständiger Handelsvertreter.	....
2) Er sollte einen wichtigen Vertrag unterzeichnen.	....
3) Klaus Müller hatte um zehn Uhr einen Termin.	....
4) Der Unfall passierte in der Firma Unifood.	....
5) Ein Krankenwagen brachte Herrn Müller ins Krankenhaus.	....
6) Herr Müller wollte einen Vertrag für einen Großauftrag besprechen.	....
7) Herr Neumann hat das Krankenhaus verwechselt.	....
8) Herr Müller hatte einen Termin bei Jens Neumann.	....
9) Niemand im Krankenhaus hat von Herrn Müller und seinem Unfall gehört.	....
10) Er hatte einen Termin im Krankenhaus, um sich untersuchen zu lassen.	....
11) Er hat sich das Bein gebrochen, als er zu seinem Termin ging.	....
12) Er ist noch nicht in der Klinik angekommen.	....
13) Er war nicht im Krankenhaus, als Herr Neumann dort anrief.	....
14) Herr Neumann hat nicht im richtigen Krankenhaus angerufen.	....
15) Er kennt nur ein einziges Krankenhaus.	....
16) Herr Müller ist auf dem frisch gewachsten Parkett ausgerutscht.	....
17) Er hat sich auf den Weg gemacht, um sich röntgen zu lassen.	....
18) Herr Müller ist Vertriebsingenieur.	....
19) Es gibt mehrere Krankenhäuser in der Gegend.	....

Antworten

Es handelt sich in allen Fällen um Schlussfolgerungen (S) oder Interpretationen. Alle beziehen sich auf ein Wort oder einen Ausdruck. Denn nirgendwo wird gesagt, dass

1) … Herr Müller ein **selbstständiger** Handelsvertreter ist.
2) … er den Vertrag **unterzeichnen** sollte.
3) … er **Klaus** heißt.
4) … der Parkettfußboden sich **bei Unifood** befindet.
5) … Herr Müller einen **Krankenwagen** genommen hat.
6) … es um den Vertrag für einen **Großauftrag** geht.
7) … Herr Neumann das Krankenhaus verwechselt hat.
8) … Herr Neumann mit Vornamen **Jens** heißt.
9) … niemand im Krankenhaus von seinem Unfall gehört hat. »Die Person am Telefon« hat nichts gehört, heißt nicht, dass »niemand« etwas gehört hat.
10) … K. Müller einen **Termin** im Krankenhaus hatte.
11) … er sich auf dem Weg zu seinem Termin das Bein **brach.**
12) … er noch nicht im Krankenhaus angekommen ist.
13) … er nicht im Krankenhaus war, als Herr Neumann dort anrief.
14) … Herr Neumann nicht das richtige Krankenhaus angerufen hat.
15) … Herr Neumann nur **ein einziges** Krankenhaus kennt.
16) … das Parkett **frisch gewachst** war.
17) … es sich um **Röntgenuntersuchungen** handelt.
18) … er **Vertriebsingenieur** ist.
19) … es **mehrere** Krankenhäuser in der Gegend gibt (das ist eine Hypothese).

Ergebnis: Ihr Grad der Distanz

Wie viele richtige Antworten haben Sie?

• **Bis zu 8:**

Achtung, Sie schlussfolgern und interpretieren Zeichen und Worte zu schnell! Nehmen Sie sich die Zeit, Ihre Interpretationen zu prüfen, sonst steuern Sie auf Missverständnisse, Verwechslungen, Ärger zu … Die gute Nachricht ist, dass Sie viel lernen und Fortschritte machen werden. Lesen oder machen Sie diese Übung nach einiger Zeit noch einmal.

• **9 bis 17:**

Offenbar verfügen Sie über innere Distanz, doch nicht immer oder für alles. Die Erklärung könnte darin liegen, dass Ihre Aufmerksamkeit oder Konzentrationsfähigkeit nachlässt (wenn Sie aufmerksam sind, nehmen Sie die Dinge besser wahr).

• **18 und mehr:**

Sie haben diese Übung sehr erfolgreich absolviert – bravo! Aber gilt das auch für das wahre Leben? Im Eifer des Gefechts oder der Gefühle? Denn das ist das Einzige, was zählt, nicht wahr? Falls es so ist, freuen Sie sich und teilen Sie Ihren Erfahrungsschatz mit den Menschen, die Ihnen nahestehen.

Fallstudie: Das Additionsrätsel

- **Erster Fall:** An einem Abendessen nahmen zwei Mütter und zwei Töchter aus derselben Familie teil. Wie viele Personen waren insgesamt da?

  Ihre Antwort

  Lösung: Nur drei. Wie ist das möglich? Keine Sorge, wenn Sie es nicht verstehen (schließlich ist es nur ein Spiel). Gehen Sie weiter zum zweiten (leichteren) Fall oder ansonsten direkt zur Antwort.
- **Zweiter Fall:** Bei einem beruflichen Termin waren drei Firmenbesitzer (Aktionäre) und drei Angestellte anwesend. Wie viele Personen befanden sich im Raum?

  Ihre Antwort

  Lösung: Nur vier. Sie verstehen immer noch nicht? Dann sollten Sie wissen, dass es auch drei hätten sein können.

Die Lösungen zur Fallstudie

- **Erster Fall:** Die Großmutter, die Mutter und die Tochter waren da. Eine der drei war gleichzeitig Mutter und Tochter. Sie haben sich geirrt, weil Sie vorschnell angenommen (den Schluss gezogen) haben, dass Eltern und Kinder verschiedene Personen seien. Was ich nie behauptet habe …
- **Zweiter Fall:** Hier ist es das Gleiche: Sie haben sich geirrt, weil Sie angenommen (den Schluss gezogen) haben, dass die Firmenbesitzer (Aktionäre) zwangsläufig nicht mit den Angestellten identisch waren. Was ich nie behauptet habe … und was auch gar nicht selbstverständlich ist: Man kann gleichzeitig Firmenbesitzer (Aktionär) und Angestellter sein, was auch hier der Fall ist. Und glauben Sie nur nicht, das sei eine Ausnahme: In vielen (großen und/oder angelsächsischen) Unternehmen besitzen alle Angestellten Aktien.

Ein bisschen Theorie: die Allgemeine Semantik

• Folgerungen (Inferenzen)

Diese zwei Fälle veranschaulichen unsere Neigung, um jeden Preis »Löcher zu stopfen«, Unsicherheiten, paradoxe oder komplexe Zusammenhänge auszugleichen – auf die Gefahr hin, uns zu irren.

Wenn Sie sich getäuscht haben, heißt das, Sie sind einer doppelten Annahme gefolgt, die sich als falsch erwies: Das nennt sich Inferenz (nicht gerechtfertigte Schlussfolgerung). Sie haben intuitiv die Logik von Aristoteles (384–322 v. Chr.) angewendet, dem griechischen Philosophen, der am Anfang der Wissenschaften stand. Nun beruht aber diese Logik auf drei Postulaten, die nach Alfred Korzybski, dem genialen Begründer der Allgemeinen Semantik, zweifelhaft sind oder zumindest nicht immer der Realität entsprechen.

• Die aristotelischen Prämissen

– **Satz der Identität:** A = A (ein Ding bleibt, was es ist). Beispiele: Ein Mann ist ein Mann, ein Kind ist ein Kind, ein Vorgesetzter ist ein Vorgesetzter, 2 = 2, Wasser ist Wasser. Gegenbeispiele: Das Kind wächst heran und wird erwachsen, der Vorgesetzte ist nicht rund um die Uhr Vorgesetzter (zum Beispiel nicht abends), das Wasser wandelt sich zu Eis oder zu Wasserdampf.

– **Satz vom Widerspruch:** A ist verschieden von Nicht-A. Beispiele: Der Vater ist verschieden vom Sohn, das Feste verschieden vom Flüssigen, der Firmenbesitzer vom Angestellten. Gegenbeispiele: Der Vater war ein Sohn und hat sich vielleicht wie ein solcher verhalten; ist das flüssige Wasser verschieden vom festen Wasser (Eis)? Der Firmenbesitzer kann ebenfalls ein Angestellter sein oder er kann es früher gewesen sein.

- **Satz vom ausgeschlossenen Dritten:** Es existieren nur A und Nicht-A (sein Gegenteil). Beispiele: »Wer nicht für mich ist, ist gegen mich«, für oder gegen, beherrschend oder beherrscht, Firmenbesitzer oder Angestellter etc. Gegenbeispiele: In allen Lebensbereichen existieren auch Neutralität oder Unsicherheit, nicht nur A oder Nicht-A, man kann auch unabhängig sein.

Feststellung: Diese Prämissen ermöglichen es nicht, die Komplexität des Lebens (mit all seinen Veränderungen) zu berücksichtigen. Das Leben pfeift auf Logik. »Die Natur ist immer stärker als alle Prinzipien« (David Hume, schottischer Philosoph). Den Beweis erbringen Syllogismen, das sind logische Argumentationen, die auch absurde Schlussfolgerungen haben können:

»Alles, was selten ist, ist teuer. Ein billiges Pferd ist selten. Also ist ein billiges Pferd teuer.«

»Alle Kreter lügen. Ich bin Kreter. Also lüge ich. Also lügen die Kreter nicht. Also lüge ich nicht. Also lügen die Kreter ...«

ALLE KRETER LÜGEN.
ICH BIN KRETER.
ALSO LÜGE ICH.
ALSO LÜGEN DIE KRETER NICHT.
ALSO LÜGE ICH NICHT.
ALSO LÜGEN DIE KRETER.
DAS KÖNNEN SIE MIR GLAUBEN!

Ratschlag: Gehen Sie bloß nicht davon aus, dass das Leben, die Welt und die Menschen »logisch« seien. Zum einen, weil das definitiv nicht immer der Fall ist (insbesondere auf der menschlichen Ebene). Und zum anderen, weil Logik eine Form (neutraler) Berechnung ist, die sich auf Grundannahmen stützt (Postulate, Überzeugungen, Definitionen, Werte ...), die ihrerseits nie neutral und zudem unbewusst, unbeweisbar und völlig subjektiv oder Projektionen sind. Der Satz »Das ist unlogisch!« bedeutet also in Wirklichkeit: »Das ist nicht **meine** Logik!«, oder besser: »Warum reagieren die Leute nicht so, wie sie reagieren sollten (wenn es nach mir ginge)?«, oder um es noch deutlicher zu machen: »Warum reagieren diese Leute nicht so, wie ich reagieren würde?« Die Logik beherbergt also im Grunde – die Egozentrik (schon wieder)!

Verpflichtung

»Verstehen kann sich nur dann einstellen, wenn direkte Wahrnehmung da ist und keine logische Schlussfolgerung.«

Jiddu Krishnamurti

Beispiel für eine Verpflichtung:

»Ich verpflichte mich, das dritte toltekische Versprechen zu achten, anders gesagt, alles zu tun, damit ich keine voreiligen Schlüsse ziehe, und zwar von heute an. Sollte ich dies vergessen oder einen Ausrutscher haben, verpflichte ich mich, es anzuerkennen und umgehend richtigzustellen.«

Ihre Verpflichtung (in Ihren eigenen Worten und mit Ihrer Unterschrift)

OFFIZIELLE ERKLÄRUNG

Viertes Versprechen
Tu stets dein Bestes

Sie verstehen allmählich, dass die toltekischen Versprechen eine echte persönliche, spirituelle Arbeit nahelegen, da das Ego von Mal zu Mal nicht etwa unterdrückt, sondern entschärft, umgangen, »vom Platz gestellt« werden soll ... Das vierte Versprechen bildet da

keine Ausnahme, denn es geht darum, zu handeln, ohne zu urteilen. Nun ist aber der Richter bzw. das Richten eine unmittelbare Emanation des Ego.

Sein Bestes tun, bezeichnet eigentlich zwei verschiedene Dinge, die sich ergänzen:

- Die Dinge »gründlich« anzugehen, mit Energie, Leidenschaft, ohne irgendetwas zurückzuhalten oder auf die lange Bank zu schieben (»Aufschieberitis«), so als hinge Ihr Leben davon ab.
- Sobald Sie alles Notwendige getan, das Produkt gekauft, die Entscheidung getroffen und umgesetzt haben, lassen Sie los; hören Sie sofort auf, darüber nachzudenken, daran herumzukritisieren, abzuwägen, infrage zu stellen, zu zweifeln. Und vor allen Dingen: Verbieten Sie sich jegliches »hätte« und »wenn« (»Wenn ich gewusst hätte ...«), denn Sie leben jetzt und hier.

Perfektionismus verdeckt häufig einen Mangel an Selbstvertrauen und erzeugt chronische Unzufriedenheit. Soll man deswegen nun jegliches Streben nach Perfektion verneinen oder darauf verzichten? Nein, denn das hieße, unsere Menschlichkeit zu leugnen. Nach Rousseau ist die Fähigkeit zur Vervollkommnung das, was den Menschen vom Tier unterscheidet. Es geht also darum, Ihren Perfektionismus aktiv zu kanalisieren: Perfektion anvisieren (solange Sie handeln können) und dann das Ergebnis akzeptieren …

»Der Krieger ist sich auch seines bevorstehenden Todes voll bewusst und macht jeden Akt zu einer letzten Schlacht, in der er es sich schuldig ist, sein Bestes zu geben.«

Victor Sanchez

Ihr Zitat
Fassen Sie das Zitat mit Ihren Worten, in Ihrer Ausdrucksweise zusammen:

....

....

....

Ihre Verankerung
Suchen Sie einen Gegenstand, ein Symbol, einen Ort, einen Musiktitel …, etwas, das Sie an dieses Versprechen erinnert. Zeichnen Sie Ihre »Gedächtnisstütze« oder schneiden Sie ein Bild aus und kleben Sie es hier ein.
Variante: Ersetzen Sie den Gegenstand durch eine Person, die das Versprechen im Alltag offenbar anwendet.

Testen Sie Ihren »guten Willen«:

Beantworten Sie ehrlich und spontan die folgenden Fragen. Kreisen Sie jeweils den Buchstaben (a, b, c) der Antwort ein, die auf Sie zutrifft. Falls keine der Antworten passt, suchen Sie eine entsprechende Antwort in Ihrem Leben oder bitten Sie jemanden, der Ihnen nahesteht (Familie, Freunde, Kollegen etc.), darum.

1) Sie stehen ganz am Anfang einer Liebesgeschichte …

a) Sie stellen hohe Anforderungen an sich selbst.

b) Es ist ein gegenseitiges Geben und Nehmen.

c) Sie fordern viel vom anderen.

2) Bei der Arbeit …

a) engagieren Sie sich immer voll und ganz.

b) geben Sie Ihrem Arbeitgeber etwas für Ihr Gehalt.

c) sind Sie in puncto Arbeitseinsatz zu keinerlei Zugeständnissen bereit, Sie verhandeln alles.

3) Mit Ihren Kindern wollen Sie eher …

a) Ihre Elternrolle bestmöglich erfüllen.

b) zu einem Gleichgewicht finden.

c) aus ihnen die bestmöglichen Kinder machen.

4) In den Ferien versuchen Sie …

a) (neue?) Herausforderungen zu finden.

b) nichts Besonderes.

c) aus allem (und allen) maximalen Vorteil zu ziehen.

5) Bei Spiel (und Sport) versuchen Sie immer, …

a) Fortschritte zu machen, etwas zu lernen.

b) sich zu amüsieren.

c) zu gewinnen.

6) Sie haben sich Ihr Studienfach danach ausgesucht, …

a) was Sie im Rahmen des Studiums lernen müssen.

b) ob es Ihnen Spaß macht.

c) was dieses Studium Ihnen bringen könnte.

7) Ein Freund bittet Sie um Hilfe beim Umzug …

a) Sie versuchen, ihm so viel wie möglich zu helfen.
b) Sie helfen ihm so viel, wie er Ihnen geholfen hat.
c) Sie versuchen, so wenig wie möglich zu tun.

8) Sie kommen in ein Land, dessen Sprache Sie nicht sprechen …

a) Was für eine gute Gelegenheit, die Sprache zu lernen!
b) Am besten wäre es, einige gängige, nützliche Ausdrücke zu lernen.
c) Wer könnte für Sie dolmetschen?

9) Sie müssen das Kind Ihrer Nachbarin hüten …

a) Sie sorgen dafür, dass es einen Superabend hat.
b) Sie beschließen, für Ihre beiderseitigen jeweiligen Bedürfnisse zu sorgen.
c) Sie setzen es vor den Fernseher.

10) Sie machen am liebsten Urlaub …

a) nach Maß und sind gegebenenfalls bereit, mehr zu zahlen.
b) so, dass Sie so viel wie möglich für Ihr Geld erhalten.
c) als Klub-Urlaub in einer Anlage, alles inklusive.

11) In einer Freundschaft versuchen Sie …

a) der/die bestmögliche Freund/Freundin zu sein.
b) eine ausgewogene Beziehung zu haben.
c) die bestmöglichen Freunde zu haben.

12) Während Ihres Studiums neigten Sie dazu, …

a) sich schwierige Dinge zu suchen.
b) mit Ihren Bemühungen und Ihrer Hilfe für andere hauszuhalten.
c) So wenig wie möglich zu tun.

Zählen Sie die eingekreisten Buchstaben zusammen:

- Anzahl a:
- Anzahl b:
- Anzahl c:
- Rechnen Sie d aus: d = a geteilt durch c

Interpretation

- **a** betrifft Ihre Anforderungen an sich selbst, den Grad Ihres (aktiven) Perfektionismus: Je ausgeprägter er ist, umso mehr können Sie »Ihr Bestes tun«. Es liegt also in Ihrem Interesse, dass dieser Wert so hoch wie möglich ist.
- **b** stellt Ihr Streben nach Ausgewogenheit dar. Das mag zwar in zahlreichen Situationen hilfreich für Sie sein, kann Sie jedoch sehr wahrscheinlich auch in vielen anderen Situationen behindern, insbesondere im Bereich der emotionalen, freundschaftlichen Beziehungen. Denn Sie laufen Gefahr, entweder auf Menschen zu treffen, die wie Sie selbst sind, oder zu bewirken, dass andere so werden wie Sie. Und so könnten Ihre Beziehungen sich schließlich in Berechnungen und Verhandlungen auflösen.
- **c** stellt ihre Forderungen an andere dar: Je mehr Gewicht diese Forderungen für Sie haben, umso abhängiger sind Sie von anderen und umso größer ist Ihr Risiko, enttäuscht zu werden. Es liegt also in Ihrem Interesse, dass dieser Wert so niedrig wie möglich ist.
- **d** stellt dar, wie weit Sie in Bezug auf a / c im Gleichgewicht sind: Je höher dieser Quotient ist, umso mehr können Sie sich einsetzen, um dann loszulassen, sobald das Ergebnis feststeht. Idealerweise sollte dieser Wert so hoch wie möglich sein.

»Fordere viel von dir selbst und erwarte wenig von anderen!«

Friedrich Nietzsche

Erstellen Sie eine Liste

Listen Sie Bereiche, Taten oder Projekte auf, bei denen Sie Ihrer Meinung nach nicht Ihr Bestes getan haben.

Bereiche oder Projekte	Eigener Einsatz	Forderung
letzte Liebesbeziehung	mittel	(zu) viel
derzeitige Arbeitsstelle	(zu) viel	wenig

Analyse Ihrer Antworten

- Lesen Sie Ihre Tabelle aufmerksam durch: Was fällt Ihnen auf?
- Suchen Sie nach Ähnlichkeiten und Wiederholungen.
- Falls die Ähnlichkeiten und Wiederholungen **Taten oder Projekte** betreffen, bedeutet das, dass sie bei bestimmten Arten des Handelns blockiert sind. Geht es dabei um Ihre Arbeit, das Studium, Hobbys, konkrete Handlungen, Vorhaben mit Familie oder Freunden?
- Betreffen sie Ihren **Einsatz**, heißt das, dass Sie etwas daran hindert, sich »voll« zu engagieren. Was könnte das sein? Die Frage können nur Sie beantworten. Doch damit Sie etwas Zeit sparen, hier die wichtigsten »Bremsen«:
  - Negative Gefühle: Angst, Stress, Traurigkeit, Zorn …
  - Falsche Annahmen, die zum Beispiel Ihre Rollen (Eltern, Kind, Bruder oder Schwester, Partner, Mann oder Frau …) betreffen: »Eine Frau darf nicht die Initiative ergreifen« …
  - Illusionen: Zum Beispiel warten Sie den »richtigen Moment« ab (den es nicht gibt: Der gegenwärtige Moment ist der einzig existierende).
- Wenn Ihre **Forderungen** betroffen sind, heißt das, dass Sie (im Augenblick) nicht in der Lage sind oder es Ihnen schwerfällt, zu akzeptieren, dass alles – die Dinge, das Leben und Sie selbst – relativ ist. Lieber hegen Sie die Hoffnung auf potenzielle Perfektion (Ego), statt dass Sie in dieser beschränkten, relativen Welt (der einzig existierenden) glücklich sind.

Schlussfolgerung

- Was ist Ihnen klar geworden?

- Was beschließen Sie (zu ändern)?

Geschichte

Ein Junge fragt seinen Vater: »Sag mal, Papa, was ist Glück?« Ein wenig überrascht, überlegt der Vater und sagt: »Komm mit mir ins Dorf, dann wirst du es verstehen …«

Der Vater holt den Esel aus dem Stall und setzt seinen Sohn darauf. So durchqueren beide das Dorf. Auf dem Dorfplatz sitzen zwei alte Männer auf einer Bank und sehen sie vorüberziehen: »So ein Jammer!«, sagt der eine. »Der Sohn könnte doch laufen und seinen alten Vater auf dem Esel reiten lassen!«

»Hast du gehört, Junge? Komm, lass uns nach Hause gehen.«

Am nächsten Tag dasselbe Szenario, außer dass der Vater diesmal auf dem Esel reitet.

Da sagen die beiden Alten: »So ein Jammer! Der Vater könnte doch laufen und dem Sohn den Esel lassen!«

»Hast du gehört, Junge? Lass uns nach Hause gehen!«

Am übernächsten Tag wieder das Gleiche, doch diesmal laufen Vater und Sohn beide neben dem Esel her.

Die beiden Alten kommentieren: »Diese Idioten! Sie könnten doch wenigstens einen von ihnen reiten lassen!«

»Hast du gehört, Junge? Lass uns nach Hause gehen.«

Am darauffolgenden Tag wieder dasselbe, doch dieses Mal reiten Vater und Sohn beide auf dem Esel.

Da sagen die Alten: »Was für Idioten! Wenigstens einer von ihnen könnte neben dem Esel herlaufen!«

»Hast du gehört, Junge? Kehren wir nach Hause zurück.«

Zu Hause angekommen, sagt der Vater zu seinem Sohn: »Hast du verstanden, Junge? Was auch immer du tust, irgendjemand wird dich kritisieren. Also tu, was dein Herz dir befiehlt, und hör nicht auf die Leute. Das ist es, das Geheimnis des Glücks!«

Moral: Wenn Sie zulassen, dass Sie auf andere Leute oder auf Ihren kritischen Geist hören, werden Sie nie zufrieden und somit nie glücklich sein. Tun Sie Ihr Bestes, das heißt, handeln Sie so, als hinge Ihr Leben davon ab, und dann lassen Sie los und warten das Ergebnis ab.

Verpflichtung

»Wenn im Leben etwas Weltliches liegt, so liegt im Engagement etwas Spirituelles.«

Edwy Plenel

Beispiel für eine Verpflichtung:
»Ich verpflichte mich, das vierte toltekische Versprechen zu achten, anders gesagt, stets mein Bestes zu tun, ohne jedoch in Perfektionismus zu verfallen, und zwar von heute an. Sollte ich es vergessen oder einen Ausrutscher haben, verpflichte ich mich, dies anzuerkennen und umgehend richtigzustellen.«

Ihre Verpflichtung (in Ihren eigenen Worten und mit Ihrer Unterschrift)

OFFIZIELLE ERKLÄRUNG

Zusammenfassendes Versprechen Wandle deine Probleme in Vorhaben (oder in Lernprozesse) um

Das Ego wird vom Verstand genährt, der mit einem rastlos von Ast zu Ast hüpfenden Affen verglichen werden kann. Der Verstand seinerseits nährt sich von Gedanken und Problemen. Vielleicht haben Sie schon bemerkt, dass Probleme nur im Kopf existieren, nicht in der Realität. Ihr Verstand kreiert Probleme, indem er die Realität ablehnt und sich vorstellt, dass die Dinge, die Welt, das Leben anders sein sollten ...

Sobald Sie aufhören, daran zu glauben, dass Ihre »Probleme« real sind, werden Ihre Worte untadelig: Es gibt niemanden mehr zu kritisieren. Sie reagieren nicht mehr, indem Sie etwas persönlich nehmen, denn es gibt jetzt nur noch die Wirklichkeit, Fakten, Dinge und Menschen. Sie brauchen auch keine Vermutungen mehr anzustellen, denn Sie wissen, dass das Leben ein großes Mysterium ist – und der Mensch das absolute Geheimnis (zu allem fähig, im Guten wie im Schlechten). Und schließlich tun Sie stets Ihr Bestes, da es nichts gibt, was abgewartet, aufgeschoben oder zurückgehalten werden müsste, bevor Sie handeln, und nichts, was nach dem Handeln noch einmal überdacht werden müsste (denn Sie haben in Ihrer

Seele und Ihrem Bewusstsein entschieden und gehandelt, mit den Mitteln, die Ihnen zu jenem Zeitpunkt zur Verfügung standen (Energie, Bewusstsein, Informationen etc.).

Wenn Sie also allein, verschuldet oder arbeitslos sind, ist das kein Problem, sondern einfach eine mehr oder weniger angenehme Situation (die Sie mehr oder weniger akzeptieren). Machen Sie diese Situation zu Ihrer Herausforderung: Definieren Sie Ihr Ziel (positiv) und handeln Sie, indem Sie Ihr Bestes tun. Und nebenbei fragen Sie sich, was Sie aus dieser Situation (über sich, über den oder die anderen, über das Leben …) lernen. Falls Sie Opfer eines Menschen wurden, der Sie manipuliert hat, dann waren Sie vielleicht naiv. Also beschließen Sie, ab sofort nicht mehr so blauäugig zu sein.

> **»Denken Sie daran: Jedes Problem trägt in sich den Samen der Möglichkeit zu lernen, zu lieben, sensibler zu werden und ganz einfach deswegen glücklich zu sein, weil Sie am Leben sind.«**
>
> Don Miguel Ruiz, Die vier Versprechen

Ihr Zitat
Fassen Sie das Zitat mit Ihren Worten zusammen, so wie Sie es ausdrücken würden:

....

....

Ihre Verankerung
Suchen Sie einen Gegenstand, ein Symbol, einen Ort, einen Musiktitel …, etwas, das Sie an dieses Versprechen erinnert. Zeichnen Sie Ihre »Gedächtnisstütze« oder schneiden Sie ein Bild aus und kleben Sie es hier ein.
Variante: Ersetzen Sie den Gegenstand durch eine Person, die das Versprechen im Alltag offenbar anwendet.

Die Lektionen des Lebens

(Anonymer Text, der in »Les fabuleux pouvoirs des accords toltèques«* wiedergegeben ist.)

1) Sie lernen Ihre Lektionen.

Sie studieren Vollzeit an einer nicht offiziellen Schule, genannt »das Leben«. Jeden Tag haben Sie die Gelegenheit, dort neue Lektionen zu lernen, die Sie mögen … oder auch nicht.

⇨ Wenn das der Fall ist, dann akzeptieren Sie, was ist, und machen Sie es zu einem Sprungbrett für Ihre Entfaltung.

* Patrice Ras: *Les fabuleux pouvoirs des accords toltèques. Vivre ses accords au quotidien*, Éditions Jouvence: Genf 2010.

2) Sie haben einen Körper.

Ob Sie ihn lieben oder hassen, er wird für die Zeit Ihres Aufenthalts in dieser Welt Ihrer sein.

⇨ Es nützt nichts, ihn zu hassen. Ihr Körper ist Ihr bester Freund; seien Sie ihm dankbar und sorgen Sie für ihn.

3) Fehler gibt es nicht. Alles ist eine Lehre.

Zu Wachstum kommt es durch Versuch und Irrtum, es ist eine fortgesetzte Erfahrung. Niederlagen zählen ebenso wie Erfolge.

⇨ Sie sind Beweise für unsere Grenzen; wir müssen sie annehmen und in positive Erfahrungen verwandeln. Ja, Sie haben das Recht, dass Ihnen nicht alles auf Anhieb gelingt!

4) Sie wiederholen Ihre Lektionen so lange, bis Sie sie beherrschen.

Ihre Lektionen präsentieren sich Ihnen in unterschiedlichen Formen, bis Sie sie gelernt haben. Dann gehen Sie zur nächsten Lektion über.

⇨ Das Leben besteht in diesem stetigen Übergang zu einem umfassenderen Verständnis unserer selbst, der anderen und der Welt.

5) Eine »letzte« Lektion gibt es nicht.

Es gibt keinen Teil des Lebens, der keine Lektion bereithält. Solange Sie leben, lernen Sie ständig dazu.

⇨ Jedes Lebensalter hält bereichernde Lektionen für Sie bereit – andernfalls wäre das Leben recht langweilig.

6) Das Gras ist niemals auf der anderen Seite »grüner«.

Sobald Sie die Umzäunung überwunden haben, werden Sie eine weitere Wiese bemerken, die Ihnen noch »grüner« erscheint.

⇨ Der Tod ist das Ende einer Reise – nicht DER Reise. Für Buddhisten und Pythagoreer ist die Wiedergeburt unbestreitbare Realität.

7) Die anderen sind Ihr Spiegel.

Alles, was Sie bei anderen lieben oder hassen, ist die Spiegelung dessen, was Sie an sich selbst lieben oder hassen.

⇨ Wenn Sie jemanden lieben oder bewundern, ist das ein Teil Ihrer selbst, eine Ihrer Facetten, die Sie lieben oder bewundern – getreu der Redensart »jemandem einen Spiegel vorhalten«.

8) Sie allein sind für Ihr Leben verantwortlich.

Ihnen stehen alle nötigen Hilfsmittel und Materialien zur Verfügung. Nutzen Sie sie ganz bewusst.

⇨ Wie der französische Philosoph und Hauptvertreter des Existenzialismus Jean-Paul Sartre (unter anderem) gezeigt hat, sind Sie frei und folglich verantwortlich – für (all) Ihre Entscheidungen.

9) Sie tragen Ihre Antworten in sich.

Sie haben die Antworten auf alle Fragen. Es genügt, dass Sie in sich gehen, in sich hineinhorchen und Vertrauen haben.

⇨ Alle Schamanen und einige Philosophen (Platon zum Beispiel) sagen: Lernen heißt sich erinnern … oder aufwachen (der normale Zustand des Menschen ist demgemäß vergleichbar mit dem Schlaf oder einem Traum). All das läuft darauf hinaus, dass irgendwo in Ihnen ein Erkenntniszustand ist, der (noch) betäubt ist. Dieser Zustand zeigt sich Ihnen, wenn Sie Dinge spontan tun, die Sie eigentlich nicht tun sollten, die Sie nicht können, die Sie nie gelernt haben …

10) Sie vergessen alles, was Sie gerade gelesen haben.

⇨ Sind die Lektionen erst einmal in unser Wesen integriert, bilden sie ganz natürlich einen Teil von uns. Dann ist es nicht mehr nötig, sich an sie zu erinnern, denn sie werden zu natürlichen Lebens- und Handlungsweisen, die wir uns angeeignet haben.

Sie haben bestimmt den Sinn und die Bedeutung des zusammenfassenden Versprechens verstanden. Aber halten Sie sich daran – manchmal, oft, immer? Um das herauszufinden und ein wenig Abstand zu gewinnen, machen Sie den folgenden Test:

Testen Sie Ihre Fähigkeit, sich weiterzuentwickeln:
Beantworten Sie dafür ehrlich und spontan die folgenden Fragen. Kreisen Sie jeweils den Buchstaben (a, b, c) der Antwort ein, die auf Sie zutrifft. Falls keine der vorgegebenen Antworten passt, suchen Sie eine entsprechende Antwort aus Ihrem Leben oder bitten Sie jemanden, der Ihnen nahesteht (Familie, Freunde, Kollegen etc.), darum.

1) Ihr Partner/Ihre Partnerin verlässt Sie …
a) Sie nehmen es übel und greifen ihn/sie (verbal) an.
b) Sie verübeln es sich selbst und haben Schuldgefühle.
c) Sie versuchen zu verstehen, warum.

2) Sie erhalten die Stelle nicht, von der Sie träumen …
a) Diese Trottel! Der Posten ist wie für mich gemacht.
b) Ich bin einfach zu nichts nutze.
c) Was habe ich verpatzt, vernachlässigt, vergessen?

3) Ihrem Bruder wurden sieben Wochen Ferien zugestanden …
a) Er war schon immer ein Glückspilz.
b) Mir würde so etwas nie passieren!
c) Wie hat er das nur gemacht? (Kann ich das auch?)

4) Als Kind mangelte es Ihnen an Liebe …

a) Mein Vater/meine Mutter war unfähig zu lieben.
b) Ich bin es eigentlich nicht wert, geliebt zu werden.
c) Ich habe den Mangel dadurch ausgeglichen, dass ich erfolgreich geworden bin.

5) Sie erfahren, dass Sie krebskrank sind …

a) Das ist ungerecht!
b) Warum ausgerechnet ich?
c) Wie kann ich am besten mit dieser Zerreißprobe fertig werden?

6) Bei Ihnen wurde eingebrochen …

a) Wenn ich diese Mistkerle erwischen würde!
b) Ich hätte nicht so lange wegbleiben sollen.
c) Was kann ich daraus lernen?

7) Niemand nimmt Notiz von Ihnen …

a) So ist es nun einmal. So ist das Leben!
b) An mir ist eben nichts Bemerkenswertes.
c) Was kann ich tun, damit man mich bemerkt?

8) Sie haben Ihren angestrebten Abschluss nicht geschafft …

a) Da wird garantiert gemauschelt – mit »Vitamin B«.
b) Ich bin eben nicht intelligent genug.
c) Welches Studium passt besser zu mir?

9) Sie brechen sich beim Skifahren ein Bein …

a) Warum passiert mir das jetzt?
b) Das ist immer so! So ein Mist!
c) Wie kann ich Nutzen daraus ziehen?

10) Sie verlieren bei diesem Spiel/Sport immer …

a) Kommt gar nicht infrage, das Handtuch zu werfen!
b) Diese Niederlage bringt mich zur Verzweiflung.
c) Welches andere Spiel/welche andere Sportart könnte ich noch ausprobieren?

11) Sie haben es nicht geschafft, ihn/sie zu verführen …

a) Dieser Idiot/diese Idiotin! Ich wäre genau der/die Richtige für ihn/sie.
b) Ich bin nicht schlank (oder muskulös) genug.
c) Habe ich etwas falsch gemacht? Was kann ich tun?

12) Sie erleben immer wieder dasselbe (Niederlage-)Szenario …

a) Ich treffe eben immer auf Spinner.
b) Ich bin ein hoffnungsloser Fall.
c) Wer kann mir helfen zu erkennen, warum das passiert?

Ergebnis: Ihr Profil der Entwicklungsfähigkeit

Tragen Sie die Punkte für a, b und c in die entsprechende Spalte ein, indem Sie für Ihre jeweils ausgewählte Antwort einen dicken Punkt in das jeweilige Feld einzeichnen. Zählen Sie anschließend Ihre Punkte spaltenweise zusammen. Verbinden Sie nun die Punkte mit einer Linie. So erhalten Sie eine grafische Darstellung, nämlich die Ihrer Fähigkeit, sich zu entwickeln und Fortschritte zu machen.

	a	b	c
	–	–	+
12			
11			
10			
9			
8			
7			
6			
5			
4			
3			
2			
1			
0			

Interpretation

Nach Spalte

- 1 bis 3 Punkte: Niedriger Wert
- 4 bis 7 Punkte: Mittlerer Wert
- 8 und mehr Punkte: Hoher Wert

Insgesamt

- **a** entspricht einer aggressiven Reaktion der Art »Ich habe recht/die anderen haben unrecht« oder der Lebenseinstellung »Ich bin okay/die anderen sind nicht okay«. Haben Sie in Ihrem Leben viel gelitten oder wurden von anderen enttäuscht? Nur Mut! Das Rad des Lebens dreht sich weiter … Und auf Regen folgt bekanntlich Sonnenschein …
- **b** entspricht einer selbstabwertenden Reaktion (das Gegenteil von a) im Sinne von: »Ich habe unrecht/die anderen haben recht«, oder der Lebenseinstellung »Ich bin nicht okay/die anderen sind okay«. Selbst wenn Sie Gründe haben, pessimistisch zu sein, sollten Sie sich nicht von dieser negativen Sichtweise mitreißen lassen, das Scheitern ver-

stärkt, billigt und bewahrt. Fangen Sie sich wieder und konzentrieren Sie sich auf die positiven Seiten des Lebens, insbesondere Ihres Lebens (die gibt es immer). Denn das, worauf Sie sich konzentrieren, entwickelt sich …

- **c** entspricht einer Reaktion des positiven Hinterfragens, ohne darauf aus zu sein, recht zu haben oder jemanden (sich selbst oder andere) ins Unrecht zu setzen. Es ist die ideale Einstellung: Je höher dieser Wert ist, umso ausgeprägter ist Ihre Fähigkeit zu lernen.

An diesem Punkt angekommen, fragen Sie sich bestimmt, wie das zusammenfassende Versprechen angewandt wird. Es ist also sinnvoll, über die Kunst des Fragens nachzudenken.

Ein bisschen Theorie: Die Kunst des Fragens

Nicht die Antworten, sondern die Fragen führen dazu, dass Sie sich weiterentwickeln. Antworten schließen ab, wohingegen Fragen öffnen. Die Macht liegt in den Fragen: »Wer fragt, lenkt.« Entsprechend stellen all diejenigen, die einen Einfluss auf andere ausüben wollen (Verkäufer, Führungskräfte, Ausbilder, Psychotherapeuten, Ärzte etc.) Fragen und verfeinern sie.

Fragen stellen ermöglicht Ihnen also, wieder die Kontrolle zu gewinnen und die Ereignisse und Menschen in Ihrem Leben nicht mehr einfach nur hinzunehmen.

Die zwei Arten des Fragens

Nicht alle Fragen sind gleich effektiv: Manche sind hilfreich (oder wirksam), andere sind nicht hilfreich (wenig oder gar nicht wirksam oder sogar gefährlich).

- **»Nicht hilfreiche« Fragen** (sparsam einzusetzen) ...
  - beginnen oft mit »Warum«.
  - sind nützlich, aber gefährlich, denn sie stacheln Sie an, nach Schuldigen, Ursachen, Erklärungen, Rechtfertigungen zu suchen.
  - richten Sie auf das Problem aus und ziehen Sie in die Vergangenheit.
  - werden häufig in der Psychoanalyse eingesetzt.
- **»Hilfreiche« Fragen** ...
  - beginnen oft mit »Wie«.
  - regen Sie an, nach Lösungen, Unterstützung und Hilfsmitteln zu suchen.
  - richten Sie auf Lösungen aus und führen Sie in die Gegenwart oder die nahe Zukunft.
  - werden im Coaching und in Kurzzeittherapien eingesetzt.

Das Coaching, heutzutage sehr beliebt, ist eine sehr nützliche Methode, um wirksam zu fragen. Man könnte es daher auch als »Kunst, die richtigen Fragen zu stellen« definieren. Hier einige Beispiele für gängige Fragen aus dem Coaching:

Die Schlüsselfragen des Coachings (Auszug)

Definieren des Problems
- Ist das Problem neu oder wiederholt es sich?
- Worin besteht es? Inwiefern ist es ein Problem?
- Für wen ist es ein Problem?
- Was empfinden Sie in dieser Situation?
- Was passiert derzeit?

Festlegen eines Ziels
- Was möchten Sie erhalten oder erreichen?
- Was steht für Sie in persönlicher und/oder beruflicher Hinsicht auf dem Spiel?
- Was geschähe, wenn Sie das Ziel nicht erreichen? Und was, wenn Sie es erreichen?
- Wann wollen Sie dieses Ziel erreichen?
- Woran erkennen Sie, dass Sie es erreicht haben (Kriterien)?

Möglichkeiten des Handelns
- Was können Sie tun? Welche Optionen haben Sie?
- Welche weiteren Optionen können Sie sich vorstellen, kreieren?
- Wer könnte Ihnen helfen, weitere Optionen zu finden?
- Können Sie diese Optionen einschätzen und ordnen?

Aktionsplan: Etappen und Umsetzung
- Wie sieht Ihre Entscheidung aus? Was wollen Sie tun, um anzufangen?
- Welche Etappen folgen darauf?
- Wann und wie werden Sie diese Etappen durchlaufen?

Pluspunkte und Schwächen ermitteln
- Was sind Ihre Hindernisse?
- Wie können Sie sie überwinden?
- Was sind Ihre Ressourcen, Ihre Hilfsmittel, wer Ihre Bündnispartner?

Einschätzen der Ergebnisse
- Haben Sie Ihr Ziel erreicht?
- Woher wissen Sie das (Beweise oder Resultate)?

Verpflichtung

Bevor wir uns voll und ganz verpflichten, peinigt uns Unschlüssigkeit, und es besteht die Möglichkeit, dass wir uns doch noch davor drücken – es ist immer dieselbe Verunsicherung und Furcht vor den Konsequenzen einer Entscheidung.
Es gibt jedoch eine grundlegende Wahrheit, und über diese Wahrheit nicht Bescheid zu wissen hat schon unzählige Ideen und tolle Projekte zerstört: In dem Moment, wenn man sich vorbehaltlos engagiert, erhellt die Vorsehung den Weg.
Zahlreiche Elemente, mit denen sonst nie zu rechnen wäre, tragen dazu bei, uns zu helfen. Die Entscheidung löst einen reißenden Strom an Ereignissen aus, und der oder die Betreffende kann dann von zahlreichen unvorhersehbaren Gegebenheiten, Begegnungen und materieller Unterstützung profitieren, auf die zu hoffen normalerweise niemand je wagen würde.

> ***»Was immer du tun kannst oder erträumst zu können, beginne es. Kühnheit besitzt Genie, Macht und magische Kraft. Beginne es jetzt.«***
>
> Johann Wolfgang von Goethe

Beispiel für eine Verpflichtung:

»Ich verpflichte mich, das fünfte toltekische Versprechen zu achten, anders gesagt, alles zu tun, um aus meinem Leben zu lernen und Schwierigkeiten in Vorhaben umzusetzen (und an ihnen dranzubleiben), und zwar von heute an. Sollte ich dies vergessen oder einen Ausrutscher haben, verpflichte ich mich, es anzuerkennen und so schnell wie möglich richtigzustellen.«

Ihre Verpflichtung (in Ihren eigenen Worten und mit Ihrer Unterschrift)

OFFIZIELLE ERKLÄRUNG

Schätzen Sie ein, wo Sie momentan stehen

Die toltekischen Versprechen sind leicht zu verstehen, aber schwierig zu verwirklichen. Warum? Weil sie sich für uns zunächst »unnatürlich« anfühlen. Und wie schon der französische Dichter Philippe Destouches sagte: »Vertreibt die Natur; sie kehrt im Galopp zurück!« Wie stellen Sie es also an, dass Sie vom Traum zur Realität, von der Entscheidung zur Verwirklichung gelangen?

Beginnen Sie damit, dass Sie einschätzen, wo Sie stehen:

1) Sie haben die vier Versprechen der Tolteken durch Zufall entdeckt, wissen aber nicht so recht, was Sie davon halten sollen.
2) Sie haben die toltekischen Versprechen zwar verstanden, haben aber eigentlich nicht vor, sie anzuwenden.
3) Ihnen ist die Wichtigkeit der toltekischen Versprechen (für Ihr Leben, Ihre Entfaltung oder Ihren Erfolg) klar und Sie haben die Absicht, sie anzuwenden, wissen aber nicht wirklich, wie Sie es angehen sollen.
4) Sie haben beschlossen, die Versprechen der Tolteken anzuwenden, haben sich jedoch nicht formell und entschlossen dazu verpflichtet.
5) Sie haben sich verpflichtet, die Versprechen der Tolteken anzuwenden, haben jedoch noch nicht damit angefangen, sie zu verwirklichen.
6) Sie haben begonnen, die toltekischen Versprechen anzuwenden, sind aber nicht sicher, in welchem Ausmaß.

7) Sie haben begonnen, die toltekischen Versprechen anzuwenden, und wissen in welchem Ausmaß (Einschätzung).
8) Sie wenden die toltekischen Versprechen die ganze Zeit über an, allerdings mithilfe eines bewussten Bemühens bzw. einer Willensanstrengung.
9) Sie beherrschen die vier Versprechen der Tolteken und wenden Sie die ganze Zeit unbewusst und mühelos an.

Visualisieren Sie, wo Sie stehen:

Unten sehen Sie die Pyramide Ihres Fortschreitens …

1) Zeichnen Sie ein farbiges Kreuz oder ein Strichmännchen an der Stelle ein, wo Sie **heute** stehen.
2) Schreiben Sie vor die folgende Etappe das **Datum**, bis zu dem Sie diese erreicht haben wollen …
3) … und so immer weiter bis zur letzten Etappe (Meisterschaft).

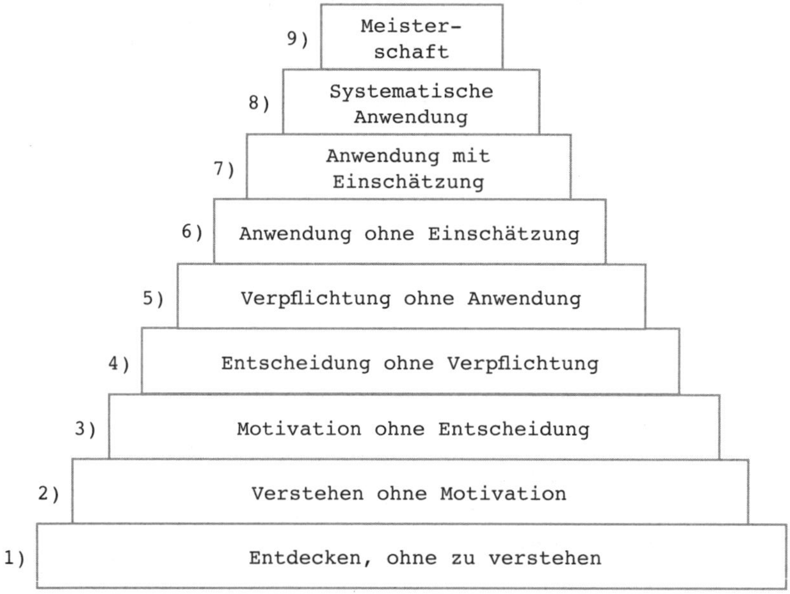

58 Mobilisieren Sie Menschen, die Ihnen nahestehen

Sollten Sie es noch nicht gewusst haben, machen Sie sich eines klar: Um sich weiterzuentwickeln, müssen Sie sich selbst einschätzen – permanent. Die Einschätzung ist

eine der letzten Stufen der (toltekischen!) Pyramide Ihres Fortschreitens.
Wie können Sie sich ständig einschätzen? Die Antwort ist einfach: Mobilisieren Sie in diesem Abenteuer (denn es ist eines) die Menschen, die Ihnen nahestehen, und machen Sie sie zu Ihren Verbündeten. Erklären Sie ihnen die Versprechen der Tolteken und helfen Sie sich gegenseitig. Wie? Indem Ihre Lieben Ihnen schlicht und einfach in dem Moment, wenn Sie ins Schleudern geraten, das toltekische Versprechen in Erinnerung rufen, das Sie gerade nicht beachten. Nicht mehr und nicht weniger!
Achtung: Damit diese »Ermahnung« wirklich hilfreich und effektiv ist, muss sie mit Liebe ausgesprochen werden, das heißt mit Akzeptanz (Sie haben das Recht auf Ausrutscher) und Mitgefühl. Keinesfalls geht es darum, Sie in die Falle zu locken und/oder, schlimmer noch, Sie ins Unrecht zu setzen.
Damit das funktioniert, muss man ein Spiel daraus machen. Und um (lange) spielen zu können, sollte unter Ihnen ein gewisses Vertrauen, eine gewisse Gleichberechtigung und ein Bemühen darum vorherrschen, den anderen nicht bloßzustellen. Damit

jeder der Beteiligten seinen Fortschritt ermessen und seine »Entgleisungen sanktionieren« kann, hindert Sie nichts daran, Regeln aufzustellen – Ihre Regeln (zum Beispiel, derjenige, dem der Ausrutscher unterläuft, muss einen Euro in eine gemeinsame Kasse einzahlen). Nun stellt sich die Frage: WER kann bei Ihrer Reise auf dem Weg der Tolteken mit Ihnen zusammenarbeiten? Erstellen Sie eine Liste der Personen, die Ihnen helfen könnten, und bitten Sie sie so schnell wie möglich um ihre Hilfe (morgen gibt es nicht). Aber überspringen Sie keine Etappen und respektieren Sie den Rhythmus aller Beteiligten, damit alle es als ein sehr schönes Abenteuer erleben!

Erstellen Sie eine Liste Ihrer Verbündeten (Eltern, Kinder, Freunde …):

-
-
-
-
-
-

Zusammenfassung Ihrer Verpflichtungen

»Im Leben zählt nicht das, was Sie wissen, sondern das, was Sie mit Ihrem Wissen anfangen.«

Anonym

Meditieren Sie über dieses Zitat und zeichnen Sie Ihre Gedanken:

Wissen Sie, warum die meisten edlen Absichten und andere gute Entschlüsse letztendlich in Vergessenheit geraten? Weil etwas zwischen den Absichten und dem Handeln fehlt, ein grundlegender Schritt, der die Entscheidung »besiegelt«: eine feste, endgültige Verpflichtung.

Beispiel für eine Verpflichtung:
»Ich verpflichte mich, die toltekischen Versprechen von heute an zu achten. Ich verpflichte mich ebenfalls, sie in meinem Umfeld bekannt zu machen und sie so weit wie möglich zu verbreiten.«

Ihre Verpflichtung (in Ihren eigenen Worten und mit Ihrer Unterschrift)

OFFIZIELLE ERKLÄRUNG

Seien Sie stolz auf sich! Es ist eher selten, sich zu verpflichten ... Sie können diese Verpflichtung zusätzlich noch durch einen Gegenstand, ein Schmuckstück, einen Klang, Musik, einen Satz, eine Farbe ... symbolisieren, etwas, das Ihnen die Verpflichtung in Erinnerung ruft, sowohl für sich selbst als auch im Miteinander mit anderen. Auf diese Weise profitieren Sie außerdem von der Verbundenheit mit Ihren Mitstreitern.

Zum Schluss ...

Wie schon gesagt: »Im Leben zählt nicht das, was Sie wissen, sondern das, was Sie mit Ihrem Wissen anfangen.« Dieses kleine Übungsheft hat Ihnen hoffentlich ermöglicht, etwas tiefer in die Praxis der toltekischen Weisheit vorzudringen, und Ihnen Lust auf eine Fortsetzung dieser wunderbaren Initiationsreise gemacht.

Ich hoffe außerdem, dass Sie eine Weile damit zugebracht haben, sie in die Tat umzusetzen – vielleicht mit allerlei Überraschungen, Entdeckungen, Lachen, Erkenntnisprozessen ... Lassen Sie den spielerischen Aspekt dieses Hefts nicht außer Acht: 25 Jahre Erfahrung im Bereich der Fortbildung haben mir gezeigt, dass Menschen alles, was ihnen in spielerischer, fröhlicher Form präsentiert wird, viel besser verstehen, lernen und im Gedächtnis behalten.

Lesen Sie dieses kleine Übungsheft ruhig zweimal – um erneut überrascht zu werden, doch vor allem, um die

Grundlagen noch einmal zu wiederholen. Don Miguel Ruiz betont es immer wieder: »**Übung** macht den Meister.« Sie können die Gelegenheit wahrnehmen und dieses Zitat zeichnen oder als Kalligrafie schreiben.

Ein Letztes noch: Sobald Sie den Eindruck haben, dass Sie diese Versprechen regelmäßig praktizieren, sprechen Sie in Ihrem Umfeld darüber – für das Wohlergehen der Menschen um Sie herum natürlich, aber auch für Ihr eigenes: Man behält nur das wirklich gut, was man auch an andere weitergibt …

Gute Reise!

Bibliografie

Don Miguel Ruiz:

Die vier Versprechen. Ein Weg zur Freiheit und Würde, Ullstein/Allegria: Berlin 2012.

Das fünfte Versprechen. Wie man richtig zuhört, Ullstein/Allegria: Berlin 2011.

Die innere Wahrheit. So leben Sie im Einklang mit sich selbst, Ullstein/Allegria: Berlin 2008.

Leben mit den Vier Versprechen. Der neue Weg der Selbstfindung, Ullstein/Allegria: Berlin 2004.

Vollendung in Liebe. Von der Kunst, mit sich und anderen glücklich zu werden, Ullstein/Allegria: Berlin 2004.

Außerdem:

Lise Bourbeau: *Heile die Wunden deiner Seele. Mit der Weisheit des Körpers tiefe emotionale Verletzungen heilen*, Windpferd: Oberstdorf [7]2013.

Colette Portelance: *Seelische Wunden heilen [Das kleine Übungsheft]*, Trinity: München 2014.

Don Miguel Ruiz Jr.: *Fünf Stufen in die Freiheit. Schamanische Weisheiten für eine moderne Welt*, Kamphausen/Lüchow: Bielefeld 2014.

Anne van Stappen: *Selbstliebe [Das kleine Übungsheft]*, Trinity: München [5]2014.

DAS KLEINE ÜBUNGSHEFT

Willkommen in der Bibliothek der guten Gefühle

Entdecken Sie viele weitere Themen aus der charmanten Bestseller-Reihe.

Abonnieren Sie unseren Newsletter und erhalten Sie die aktuellsten Informationen aus den Bereichen Lebenskunst, persönliche Entwicklung, Erfolg und Sexualität.

Einmal pro Woche stellen wir Ihnen eines der **kleinen Übungshefte** mit einer Übung der Woche genauer vor.

Alle Hefte können Sie – innerhalb Deutschlands versandkostenfrei – direkt auf der Website bestellen.

www.die-kleinen-uebungshefte.de

TRINITY